Emosyon Mwen Yo

RAZ

Yon Liv Crabtree Rasin

AMY CULLIFORD
JEAN-PIERRE GASTON

CRABTREE
Publishing Company
www.crabtreebooks.com

Sipò Lekòl A Kay Pou Moun Kap Bay Swen Ak Pwofesè Yo

Liv sa ede timoun yo grandi lespri yo nan kite yo pratike lekti.
Men kèk kesyon kap ede lektè a bati konpreyansyon konpetans yo.
Epons posib yo parèt an wouj.

Anvan Lekti:

- De kisa mwen panse liv sa ap pale?
    - *Liv sa se sou lè ou santi ou raz.*
    - *Liv sa se sou kisa santi raz la sanble oswa tankou kijan li fè ou santi.*
- Kisa mwen vle aprann sou sijè sa?
    - *Mwen vle aprann kisa ki fè moun santi yo raz.*
    - *Mwen vle aprann kijan santi raz la sanble.*

Pandan Lekti:

- Mwen mande poukisa...
    - *Mwen mande poukisa nou baye lè nou raz.*
    - *Mwen mande kisa nou ka fè lè nou raz.*
- Kisa mwen te aprann jiskaprezan?
    - *Mwen te aprann ke ou ka li yon liv si ou raz.*
    - *Mwen te aprann ke ou ka jwe yon jwèt si ou raz.*

Aprè Lekti:

- Ki detay mwen te aprann sou sijè sa?
    - *Mwen te aprann se pa yon move bagay lè ou raz.*
    - *Mwen te aprann ke gen anpil bagay ou ka fè lè ou santi ou raz.*
- Li liv la ankò epi chèche mo vokabilè yo.
    - *Mwen wè mo* ***lapli*** *nan paj 4 ak mo* ***baye*** *nan paj 6.
      Lòt mo vokabilè yo wap jwenn nan paj 14.*

Mwen **raz**.

Mwen raz lè
lapli tonbe.

Mwen **baye** lè
mwen raz.

Mwen raz nan **machin** nan.

Mwen **li** yon liv
lè mwen raz.

Mwen jwe yon **jwèt** lè mwen raz.

Kilè ou santi ou raz?

Lis Pawòl

Mo timoun rekonèt lè yo fèk kòmanse li

jwe	li	yon
kilè	mwen	
lè	ou	

Mo pouw Konnen

baye

jwèt

lapli

li

machin

raz

36 mo

Mwen **raz**?

Mwen raz lè **lapli** tonbe.

Mwen **baye** lè mwen raz.

Mwen raz nan **machin** nan.

Mwen **li** yon liv lè mwen raz.

Mwen jwe yon **jwèt** lè mwen raz.

Kilè ou santi ou raz?

Emosyon Mwen Yo

RAZ

CRABTREE Publishing Company

Ekri pa: Amy Culliford
Ki fèt pa: Rhea Wallace
Devlopman Seri a pa: James Earley
Korektè: Ellen Rodger
Konsiltan Edikasyon: Christina Lemke M.Ed.
Tradui pa: Jean-Pierre Gaston

Photographs:
Shutterstock: Juan Pablo Gonzaález: cover; diplomedia: p. 1; Syda Productions: p. 3, 14; GOLFX: p. 5, 14; airdone: p. 7, 14; Leszek Glasner: p. 8-9, 14; Zurijeta: p. 10, 14; Motortion Films: p. 11, 14; fizkes: p. 13

Crabtree Publishing Company

www.crabtreebooks.com 1-800-387-7650

 In Canada: We acknowledge the financial support of the Government of Canada through the Canada Book Fund for our publishing activities.

Published in the United States
Crabtree Publishing
347 Fifth Avenue
Suite 1402-145
New York, NY, 10016

Published in Canada
Crabtree Publishing
616 Welland Ave.
St. Catharines, Ontario
L2M 5V6

Printed in Canada/102021/CPC